U0058796

台灣好山好水

米樂、破風、君靈鈴 合著

天空數位圖書出版

目錄

相片集錦

⌻陽明山擎天崗

🎧陽明山擎天崗（續）

⋒大雪山遊客中心觀景台

⋒日月潭

🎧日月潭（續）

☊日月潭（再續）

∩日月潭（再續）

⋒日月潭（再續）

⋒合歡山

∩合歡山（續）

合歡山（再續）

∩合歡山（再續）

∩忘憂森林

🎧忘憂森林（續）

❶忘憂森林（再續）

⋂忘憂森林（再續）

∩杉林溪

∩杉林溪（續）

❶杉林溪（再續）

∩海生館

∩海生館（續）

🎧海生館（再續）

海生館（再續）

∩海生館（再續）

🎧望高寮

⋒望高寮（續）

∩望高寮（再續）

∩望高寮（再續）

∩望高寮（再續）

∩奧萬大

∩奧萬大（續）

奧萬大（再續）

⋒奧萬大（再續）

∩奧萬大（再續）

∩奧萬大（再續）

天使的秘境
—新山夢湖

作者：米樂

　　在到達之前雖然看過網上的評論與一些美照，但心中仍抱著質疑，想著號稱「天使的秘境」新山夢湖這個地方真那麼美那麼夢幻配得上這個稱號嗎？而事實證明是我目光短淺了，新山夢湖這個地方的確像幻境般美麗，沒有辜負它稱號之餘，也讓我整個人陷入它獨特的景緻中。

　　首先一大優點是免費，不用門票就可以欣賞美景，再者如此夢幻的景色平日遊客不算多，如果時間允許也想在此地多走走休憩，真的建議平日前來，可以藉此感受這如夢似幻的靜謐。

　　新山夢湖位於新北汐止區，在之前有聽人提過說沒有具體地址，本想著會不會很難找到，但後來發現其實並不難，只要找到夢湖路，很快就會發現指標了，但因為道路並不大條，而且路邊都會有人停車，所以倘若要會車需多注意安全嘀！

　　進入之後發現原來這個天使的秘境不只是景色美麗，且還有三項寶物：香腸、茶葉蛋和晶鑽糕，要是正好嘴有點饞的話，不妨買來嚐一嚐，尤其是晶鑽糕滋味很不錯，值得一試。

　　接著嚐過好風味之後，就尋找一塊寫著新山夢湖的大石吧，只要看到這塊大石也就代表到達步道徒步區起始點，之後就順著步道走，懷著愉快的心情欣賞美景。新山夢湖其實是屬於私人土地，會有一些標語提醒大家要多愛護這個地方，畢竟地主免費提供美景給大家欣賞，要是造成好心人的困擾就不好了。

　　所以，要特別注意此地不能烤肉、釣魚、採集、捕抓、放生，然而說實話來到此地，很容易就會沉浸在美景之中，上述被禁止的行為可能早就不存在腦海之中了吧！

　　實際看過之後發現，其實夢湖不大，但是幻境的味道濃厚，靜謐的湖面配上碧綠的湖水還有四周青山點綴，繞著湖走一圈之後找個地方坐下靜靜享受是個很不錯的選擇。

　　最後，別忘記要留下紀念，拍下幾張美景留存，讓自然的氛圍包裹自己，藉以洗去世俗的煩憂，在天使的洗滌下感受僅屬於此地的美與靈幻，說來真是個有空出來走走的好地方。

　　跟其他知名的景點不同，新山夢湖就是有著屬於它自己的味道，不是特別熱鬧，但這種安靜有時更吸引人，也讓人更容易學會讓自己跟大自然獨處，有時候安靜是一種美，孤獨也是一種自我成長，這個地方就是給我這種感覺呢！

台灣好山好水

日出雲海
—阿里山

作者：米樂

　　跟朋友說了很多次想去阿里山看日出跟雲海，但總是因為很多原因一直沒有成行，直到這次終於約好了三五好友，一起驅車前往，來到這個在台灣享有盛名的景點。

　　這個一年四季都熱門的地方，因為佔地相當廣闊，若要瑣碎的說有太多地方可以前往參觀，而若是想輕鬆點自然是搭乘阿里山小火車，節省體力把精力放在探訪阿里山美景這件事上。

　　上山前其實做了功課，但卻沒有太多的想法，腦中只有日出雲海，畢竟想來阿里山的念頭是由此而起，這個目的沒達成是無論如何也不甘心的，所以一開始訂定的計畫就是兩天一夜，在出發前也一直祈禱天公作美，別讓我錯失了日出的美景。只是尚未到達阿里山，車內四個人就開始熱烈討論了起來。

　　　　朋友 A：我們真的爬得起來看日出嗎？

　　　　朋友 B：我覺得我好像不行……

　　　　我：把手機鬧鐘調到最大聲，我們要對自己有信心！

　　　　朋友 C：但我平常就算鬧鐘響到快壞了也很難爬起來……

　　　　朋友 A：他說的沒錯，他真的是這種人

　　　　朋友 B：A 是 C 的室友，他說是這樣那可能……

　　　　我：……那就都別睡了！

　　開什麼玩笑！

好不容易來一趟豈能錯過阿里山享負盛名的日出，說什麼也要見上一見才行，如果是天公不作美也就算了，如果是人為因素那何必這麼累上來一趟，追尋美景本就是件說來輕鬆但實際可能不怎麼容易的事，輕易放棄怎麼可以？

雖然，賴床是很多人的專利，但這一次不行，在我堅定的態度下，其他三位同伴也只能互看一眼，然後一起喊加油！

不過在欣賞日出雲海前阿里山還是有許多地方值得去探訪的，神木、姊妹潭還有博物館等等，不前去一探究竟似乎非常可惜，既然有小火車可以搭乘，那搭上就是了，何必想太多呢？

但為了隔日能早起，前一天還是不宜太疲勞的，所以看了神木及姊妹潭，又在博物館停留一會兒之後便直接到了住宿的地方，大夥兒也不囉嗦早早睡下，為的就是隔日的美景。

幸好再幸好，老天爺很給面子，雖然睡眼惺忪但還是達成了這次前來的目的，看著眼前的日出及雲海，心中真有說不出的震撼與感動。看照片聽他人訴說都只是一種表象，這種美必須親眼見過才懂，只要情況允許，一生真的得來看上一次，並將此美景永收藏在心中才是。

台灣好山好水

火熱的最南端
—墾丁

作者：米樂

　　不知道為什麼，去了墾丁好幾回，但每回都有不同的感覺，明明是在台灣，但卻覺得像身在國外，因為整個區域的氣氛真的是跟台灣其他區域很不一樣。

　　墾丁給人一種熱情多變的感覺，每個人到這裡好像都完全解放了自己，拋開了束縛也沒在管別人想什麼，穿著清涼在大街上穿梭，下水挑戰自己的膽量與極限，在尖叫聲中釋放壓力，好像完全把自己置身在一個陌生的國度。

　　但這兒還是台灣，只是最南端而已，這回前來除了玩水之外，該看的風景也是不能錯過，老掉牙的燈塔、海生館、關山夕照、龍磐公園、風吹砂等等，該走一遭的就毫不猶豫拉著兩位玩伴一起前往，累個半死本來就是出門遊玩的一大重點，既然如此，那就這樣吧，有何不可呢？

　　　玩伴 A：我說，你就不能稍微把很累的行程分散一下？

　　　玩伴 B：對啊！我們不是來四天三夜嗎？幹嘛急著在第二天把很累的行程都跑完？

　　　我：這叫長痛不如短痛懂不懂？

　　　玩伴 A：……

　　　玩伴 B：……

　　　我：幹嘛這樣，兩個人都無言是要我接什麼話？

　　　玩伴 A：你這詭異的思考邏輯！

　　　玩伴 B：是因為你用的形容詞太奇怪了！

　　我：好好好，那換個說法，我是因為想一次把美景盡收眼底所以才這樣安排，行了嗎？

　　換了個說法，得到的反應也沒有比較好，但是後來三人一起「噗」一聲笑出來之後，其中一人喊著看誰先到達燈塔下，追逐的嬉鬧聲就勾回了大家的遊興。

　　出來玩嘛，不鬧一鬧怎麼行呢？

　　更何況在墾丁這個地方，似乎不管怎麼吵怎麼鬧都很合理，雖熱卻讓人不感煩躁，反而想要再去看更多地方，再多體驗一下平日不敢嘗試的東西，衝動得一同手拉手就衝入水中，不小心撲倒喝了口水也只是哈哈大笑帶過，這個地方就是有這種魔力。

　　所以，如果想解放一下，第一時間讓我想到的地方大概就是墾丁了，一個文武雙全選擇應有盡有的地方，難道不是釋放壓力的最佳選擇嗎？想大叫就玩水或是付點錢搭趟香蕉船或水上摩托車，想文青一下就到景點走走，想大啖美食就到墾丁大街拜訪，想看看水中生物就到海生館走一趟，總之任君挑選包君滿意。

　　然後帶著愉快的心情返家，迎接下一個挑戰，人生嘛，不就是這樣嗎？

台灣好山好水

令人忘卻煩憂
—基隆望幽谷

作者：米樂

　　心情不好就該出去走走，這種事不知道何時變成了很多人口頭上的一句話，但無可否認出去走走確實對不好的心情有幫助，這次也就應朋友之邀，在他心情煩悶的時候，陪他去了他認為應該可以稍微消除煩躁的地方──望幽谷。

　　望幽忘憂，聽起來好像挺合理的，這個位在基隆八斗子漁港內的景點的確挺讓人驚豔的。雖然山上車位不多，但其實也不用太擔心，半山腰的宮廟正前方有許多停車位，基本上不會因為找不到車位在到達望幽谷之前就感到一股無名火往上冒，還沒體會到忘憂就火大。

　　順著步道一路順行而下，這種愜意我必須說其實已經挺解憂的了，畢竟觸目可見就是大自然，鼻間還傳來青草的芬芳，挺好的，但我這樣認為不知道隔壁那位是怎麼想，看他眉頭還沒有完全鬆開，心想該不會都到這麼療癒的景點了，他還不能得到治癒吧？

　　我：這裡很不錯，你還好吧？

　　朋友：還可以。

　　我：還可以怎麼是這種臉？

　　朋友：再多待一下應該會更好。

　　我：廢話，我們才剛來！

　　朋友：所以你幹嘛那麼早問？

　　我：現在是怎樣？關心你不行喔？

朋友：我沒這樣說啊！

我：那你這什麼態度？

朋友：平常跟你相處的正常態度

　　我當場楞了一下突然想笑也就真的笑了，對啊，他會找我出來不就是因為平常我們之間的相處就是這麼無厘頭跟自然嗎？看來除了大自然可以療癒人的身心之外，有個好朋友陪伴也是很重要的，我的重要性在此得到證實。

　　談笑之間，目的地已經到達，走上第一個觀景台後，說真的朋友可以先放在一旁，因為那景觀真的太美了，很多人都說台灣雖然是個小島但景色不輸國外，我可以很驕傲地挺起胸膛附和，因為這的確是事實。

　　雖然天氣太好而艷陽高照，但因為有海風吹拂倒也不會覺得熱，反而是享受著海天一色的景象，果真是忘憂的氣氛，這無可否認，而且這裡的步道挑戰性不高，完全可以輕鬆駕馭，感覺就很適合約會或是親子同遊，總之感受度很強，這是我來之前沒有想到的，但現在卻覺得非常值得。

　　所以，拍照打卡是必須的，這不能錯過，而本來沒什麼太大煩憂的我得到療癒後快速瞄了眼隔壁，發現隔壁那位笑了，還閉上眼睛感受海風，心裡不禁感到欣慰。

　　望幽谷果然是個好地方，沒有愧對它的名字，也給我留下深刻的印象。

台北後花園
—陽明山

作者：米樂

什麼？！陽明山有星巴克，美景配上知名咖啡店，這樣的體驗不來一回怎麼行？更何況陽明山上吸引人的可不只是星巴克進駐，本來就有的知名景點也是很值得去走一走的，所以二話不說，走就對了！

說實話，我真的挺喜歡有著無敵山景的擎天崗，走在兩旁由木圍籬構築的步道上不僅輕鬆還可以輕易將山景盡收眼底，真是何樂而不為的一件事，只是必須說如果是夏季來時可能會有些熱，畢竟是直接被藍天白雲包圍，基本上是什麼遮蔽物都沒有的。

而既然來了，冷水坑這方也不想錯過，畢竟走一圈只要三十分鐘，但這裏的景色與擎天崗不甚相同，有牛奶湖、菁山吊橋、冷水坑生態池等等，很值得過來逛一趟。

稍作休息之後，接著就搭車前往夢幻湖，這是 5600 年前形成的一個封閉性沼澤湖，可以看到種類繁多的鳥類：竹雞、巨嘴鴨、紅山頭等等，運氣好的話或許都能瞧見，非常受愛鳥人士喜愛，但就算不是非常喜歡鳥類，在這個地方也會被可愛的鳥類給吸引，因為真的很討喜。

另外我覺得要遨遊陽明山很方便的一點就是它的公車系統，每個景點都有車可以直達，就算自己開車來也都有停車場而且付款方便，算是一大優點，不像某些景點為了要到達目的地得耗費許多時間，來陽明山似乎是輕鬆很多。

　　因為這回想挑戰一下七星山步道，所以也就沒有猶豫，邁開步伐開始挑戰。一路上雖然累但覺得非常值得，尤其是在登上七星山之後那種成就感，還真是筆墨難以形容的暢快，拍照留念宣告成功之後我便尋另一條路下山，從小油坑這方下去又是另一番風景，可說是魚與熊掌此次都兼得了，收穫頗豐讓人心情愉快，瞬間忘了生理上的疲憊。

　　不過，既然爬了山不犒賞一下自己怎麼可以？所以星巴克是必然要拜訪的，來上一杯冰拿鐵，讓疲憊在咖啡香中消散，然後再買個三明治填填肚子，慰勞一下為美景奮戰的自己。

　　下次我會挑選在花季的時候再來造訪陽明山，欣賞那百花盛開的景色，我想一定很夢幻也很震撼人心，畢竟花朵是最能療癒人的植物之一，徜徉其中的樂趣一定是無比暢快的。

台灣好山好水

名聲遠播
一日月潭

作者：米樂

應該很少人沒有去過日月潭吧？

這個在台灣幾可稱為無人不知無人不曉的景點，卻是每回去都有不同的感受，或許是季節的變換又或者是身邊陪伴的人不同，但此地確實是個適合情侶、親子、家族出遊的好地方，因為不光是潭本身，四周豐富的人文地理也是讓人一而再，再而三想去的重點。

這個位於南投縣的全台最大淡水湖，因為美景加上來自原住民的傳說，造就了屬於它的名氣，不只熱門到曾被 CNN 報導，就連外國觀光客來到台灣都指名到此，可見它不同於一般的存在。

無法否認日月潭目前有一大賣點就是連結九族文化村的纜車，這段長度頗長的纜車一搭上，整個日月潭與潭邊風光盡收眼底，是個既然來了就不容錯過的體驗。

當然，對於有懼高症的人來說，搭纜車可能太刺激了點，要是無論如何都無法克服障礙的話，那麼就試試其他選擇吧，不怕水的話，可以搭船遊潭，若是懼高又怕水的話那就順著潭邊步道散步，要是覺得散步無聊的話那可以租台腳踏車在曾被 CNN 列為「全球十大最美自行車步道」騎上一騎，而若是上述都沒興趣，那就到日月潭四周的景點走走，這次出遊雖不是第一次來，但又沒人規定看過不能再看一次，之前去過的景點再探訪一次或許會有不同的體驗呢！

　　不過，話雖這樣說，但朋友吵著要去之前我與他都沒去過的「耶穌堂」瞧瞧，想著來這麼多回日月潭的確是沒去過耶穌堂，那是該去一趟。

　　一到耶穌堂就發現有人在拍婚紗照，瞧了眼四周發現，此處的確非常適合拍攝婚紗照，藍天白雲加上以羅馬風格打造的教堂，相信不單能為照片增添不同的風味，也讓我駐足觀看了許久。

　　後來，跟朋友都感到有些累了，恰好耶穌堂旁就有一間咖啡廳，也就決定進去坐坐，一旦置身這間裝潢相當夢幻咖啡廳的其中，再配上美景美食，一瞬間「放鬆」兩個字就此迎面而來。

　　確實是很愉悅的感受，但不是這回才感受到，每回來日月潭都能在不同層面感受到它無比的療癒力量，也不難理解它為何會如此受歡迎了，因為青山綠水總能給人重新振作的力量，但就算不是屬於低潮的人，也能在大自然的包圍下得到不同的體驗，多出來走走果然是好的，而日月潭就屬於那種只要隨意走走就覺得非常開心的好地方呢！

台灣好山好水

秀麗景觀
—龜山島

作者：米樂

　　這個登島有人數限制的地方要進入是需要申請的，曾經我也覺得有點麻煩避而遠之，但必須說在搭船途中就開始後悔自己之前為什麼要對這麼美的地方避而遠之，這隻獨一無二的烏龜的確有它的過人之處。

　　不久後，登島時刻就已來臨，要踏上這個台灣目前唯一確定的活火山，心情意外的居然有點激動，或許是因為聽過很多次卻不曾來過，也可能是因為在船上就已經被美景所吸引，總之懷著興奮的心情，我的足跡正式開始在龜山島留下。

　　在導遊的解說下得知龜山島其實不大，面積只有 2.90 平方公里，瞬間覺得這小島的確給人一種小而巧小而美的感覺，不過就算只是個小島，島上還是有許多地方可以參觀，這個地方在民國 66 年前屬於軍事管制區，軍事設施的砲台、坑道遺跡自然是一個也不少，而且從砲台這邊就可以望見台灣本島，也算是一種不同的體驗。

　　接著下一站是龜山島唯一的湖泊「龜湖」，它也被稱為「龜尾湖」，湖邊設有步道，在導遊大略解說完之後的自由活動時間裡順著步道散步，令人感到放鬆又愜意。

　　導遊：各位，大家知道這裡的生態有一個最特別的是什麼嗎？

　　遊客們：不知道！

> 導遊：龜山島這裡可是有台灣唯一原生的蒲葵林喔！
>
> 遊客們：真的嗎？
>
> 導遊：是的！而且島上不只一處，多處斷崖地區都有，請大家不要錯過這個難得的機會，好好欣賞。

我很訝異龜山島上自然生態竟然如此豐富，沿途聽著導遊的解說下發現，這個小島不只是個小島，還是座有寶藏的島，但此地擁有的不是金銀財寶而是更珍貴的大自然生態，拜導遊所賜見到了不少以前從未注意的植物也見到了台灣唯一原生的蒲葵林相，也看到了很多不同種類的原生百合花。

而讓我覺得很特別的是島上竟然有座小寺廟「普陀巖」，據說是在清朝就存在了，歷史悠久不說，還曾經是島民的信仰中心，現在廟內供俸的是觀世音菩薩，面對莊嚴的神像我忍不住雙掌合十閉眼祈願，願家人一切都平安喜樂。

最後讓我為之驚艷的是遊客中心後方那狀似睡美人的山巒，雖然有同行的旅人開玩笑說這位公主已成人婦且有孕在身，但她美麗的姿態仍是非常吸引我的目光，我看了很久，覺得她仰望天空的側臉很美，有一種寧靜的幸福感。

想了想也是，很多時候人就是慾望太過才會自我困擾，像公主這樣抬頭看看天空對著白雲微笑應該是讓雜念消除更好的選擇吧？

　　總之我學到了，感謝龜山島，感謝公主，下回若有機會再來我想挑戰爬爬島上著名的 1700 階後在頂端俯瞰龜首，相信又是不同的感受才是吧！

鬼斧神工
一野柳

作者：米樂

　　野柳這個地方，每回來都替女王覺得擔心，看著她那纖細的脖子，總不自覺捏把冷汗，真是有種隨時會斷裂的錯覺，畢竟野柳就在海邊，海風吹拂之強烈才造就了這個奇異的景觀，但隨後總是會笑自己，明明知道女王的脖子有專人保護著，到底是在替她瞎操心什麼？

　　不過感嘆大自然的奧妙卻是每來必有的感受，不管站在哪個上帝的作品前，都會有種自己很渺小的錯覺，就算是站在崖邊往下望，也還是會為底下如燭台石、豆腐岩、仙女鞋等等大自然的傑作感到無比神奇。

　　就是「鬼斧神工」四個字，除了這四個字還真找不到其他形容詞可以形容野柳的一切，想起頭次見識到女王威嚴與美態時內心的震撼，至今還無法忘懷。

　　野柳就是個會引起人更多好奇心的地方，來了就會想東瞧瞧西瞧瞧，初次來就會想多看看之前來過的人說的地形景觀是否真那麼神似它們的名稱，而再次來就會想上回來過之後不知道在海風強烈的侵蝕下它們的型態會不會有所改變，不自覺腳步又加快，上回看過的這回還是要看，上回沒看到的這回更是要看，然後再想著下回來的時候還是得看看，畢竟大自然的力量不是人為所能控制的，或許哪一天再來，記憶中的模樣已然消失，原本熟悉的模樣已換上了不同的風貌。

　　看著看著，聽到了稚嫩的聲音在問著可愛的問題，聽著聽著也就笑了，小孩子總是這麼可愛，而野柳也真是一個非常適合帶小孩子來的地方，既是個有趣的地方也是個可以讓小孩子見識大自然力量的地方，只要注意風大別讓小孩子著涼就好。

　　而我自己也在此得到了不少，並非靈感，而是一種感覺到歲月淵遠流長的悸動，看著女王頭就想，這是經過多少歲月才形成的奇觀，看到象鼻石就想不知道哪時候或許另一種動物就會在歲月的流逝下出現。

　　想著想著就有點多愁善感了起來，畢竟我們人類與奇觀不同，奇觀會在時間催化下形成，但人卻是在被時間追趕著，如果不懂得把握時光，得到的不會是女王的光輝而是年老之後對於浪費時間的感嘆。

　　時間造就鬼斧神工，這是野柳，但時間不為誰停留，就算是身為萬物之靈的我們也一樣，沒有特權，只能珍惜而沒有其他選擇。

台灣好山好水

望之驚艷
—柴山秘境海灘

作者：米樂

　　被人拉著走不是第一次，但被人很興奮很用力拉著走倒是很少，看著朋友一臉神秘兮兮興致勃勃，讓我也不禁好奇了起來。

　　我：幹嘛這麼急？

　　朋友：海蝕洞真的很美很神，等一下你看就知道了。

　　我：真的很不好意思，我之前沒有聽過這個地方，也不知道這裡有海蝕洞，但真的神到有需要你這麼激動嗎？

　　朋友：就跟你說等等到了你就知道了。

　　我：好好好，但是你可以輕一點嗎？你抓得我手有點痛耶！

　　抱怨才剛出口，目的地卻已到達，看著不遠處那海蝕洞，獨特的風情讓我愣住了，心想還真不是開玩笑的，說是秘境，還真有秘境的氛圍不是說假的。

　　只要一到此地就是驚喜，此區獨特的地理景觀是絕對不可錯過的美景，雖然因為礁石太過銳利有著安全上的考量無法下到海岸邊，但湛藍的海水有著撫慰人心的作用，一瞧彷彿什麼憂愁都沒了，只瞧見浪花朵朵。

　　而被急拉著前往的海蝕洞，就只要沿著藍色的欄杆一直走，到了某處再鑽過欄杆再沿著水泥牆邊往下走就可以到達，的確是秘境，雖然其實已經有很多人知道了，我跟朋友也不是唯一到達的人，但這無損想欣賞的心情。

　　從海蝕洞這方看出去，就像是海天一色的美景被框在相框裡，而最前方有一塊岩石，是大家都爭著想上去擺出獨特姿勢的最佳拍照地點，人人都想讓朋友圈知道自己到此一遊。

　　所以既然來了，我與朋友也不免俗要各自來上幾張美照，然後才離開到海灘上走走，雖然海灘不大，但卻別有風味，就不知在炎夏時這裡是不是可以從事一些水上活動。

　　暫且不管這，總之先欣賞美景就是，望著天望著海，感受到的是平靜，但後頭一些阿姨、伯伯還有其他來遊的人群喧鬧聲又打破了這種平靜，靜與鬧形成對比可卻不衝突。

　　看著看著，忍不住走上前去伸手去碰了下海水，有點涼有點小刺激，接著發現身邊友人湊近一臉得意，我也只能聳聳肩丟給他一個「做得好」的表情。

　　雖然秘境已經不是秘密，但無損它秘境的威名，它依然有著秘境該有的味道，是個來到柴山但時間不多可又想抽空走一走的好地方，如果時間允許的話，多停留一下也是好的，畢竟多親近大自然比什麼都好，這種自然的療癒是什麼也比不上的舒適。

台灣好山好水

復古氛圍
—太平山見晴古道

作者：米樂

從來沒想過鐵道跟植物結合可以美到什麼程度，因為光想像廢棄的鐵路跟不受拘束恣意生長的植物這種畫面其實好像沒有特別吸引人。

不過來到位於宜蘭太平山的見晴古道，只能說毫不客氣推翻了腦海中刻板的想象，這裡不只美還帶著幽靜及些許與世隔絕的夢幻感，也讓小看了這個地方的我當場有點汗顏，然後才赫然想起似乎看過一篇報導，說此地可是全球 28 條最美小路之一。

見晴古道因為風災的緣故，現只剩約一公里的路程可以行走，但就算如此也不損來此的遊興，它有它的本錢吸引遊客到訪，最大原因就是因為這條小徑真的很美，有著不落俗套的清新淡雅。

原本很久前用來運材的鐵路早已沒有在使用，所以被植物們大舉入侵，可就是因為植物們的恣意妄為才造就了鐵路與植物交錯的美，而且有個重點就是這條小徑很好走，比想像中更為平坦舒適，沒有階梯，就是很單純順著鐵道行走就對了！

到訪的這天因為時間頗早，遊客少之又少，這對我而言簡直是件天大的喜事，若不趁機享受一下獨佔的感覺豈不是太浪費了？所以這時候趕忙多吸收一點芬多精也趁機好好放鬆自己，因為這個地方根本不用多言，來了之後很自然就讓緊繃的精神瞬間鬆懈下來，強大的治癒功能完全不容小覷。

　　說真的，來到這裡，以往去有些地方那種走馬看花的心情不知何時早被拋之腦後，見晴古道就是條適合慢慢走的小徑，一來它不長不用擔心走不完，二來它很美，快走只會讓人無法完全體會它的價值，所以如果來此真的建議就完全放放鬆自己，把自己交給大自然 慢慢往前走，一路欣賞美景和享受林間的微風吹拂，堪稱人生一大樂事。

　　只不過，第一次來倒是沒料到最後居然有吊橋這種大魔王存在，而且還是超晃會讓人尖叫的那種，但人生本來就充滿挑戰，走就走吧，誰怕誰，只是吊橋而以根本不需要在意，況且走過吊橋才算完整這趟旅程，不走太可惜了不是嗎？

　　整體而言，這條古道是會讓我想再來上好幾次的地方，這麼舒服走起來又不費力，只要鼓起一點勇氣克服最後關卡的地方，就此被我列為心中出外走走最佳景點之一。

台灣好山好水

高雄佛光山

作者：破風

　　每一種宗教，都有自己的教義，也都能讓許多人變成信徒，無論是基督教、天主教、回教、道教、佛教，或是其他的宗教。高雄佛光山，是星雲法師用心打造的莊嚴道場，每年過年，許多屬於虔誠佛教徒的家人都會一同回到佛光山禮拜。

　　2011 年底完工的佛陀紀念館，大佛高聳於道場，兩邊寶塔屹立，象徵信徒能夠一步步的修行得道。最喜歡來佛光山的時間，不是在熱鬧的過年假期，而是修行法會。去年參加了短期出家，當時佛光山正處封山時期，人潮較少，清晨時分，敲起了莊重的大鐘，鐘聲劃破寂靜直入天際，敲響天聽，也敲響了修道者的心。我沿著階梯，一步步朝大雄寶殿踏去，梵音在寺院中響起，師父一如往常的做早課，在莊重的梵曲中，讓每個人的心都更加地沉靜。

　　抬頭望向大佛，這是世界最高的銅構坐佛，像高五十公尺，佛祖的眼微張向下，象徵著巨大的佛祖正低頭看著世人，並眷顧世人。人生過了數十年光景，繁華間，俗世裡，多少個年頭裡，我們留下了數不清的悔恨，說不盡的過錯。佛說：苦海無涯，回頭是岸。人生有太多時候，我們的心是雜亂的，偶然回到佛光山，沐浴佛祖慈悲的垂憐，沉澱都市的喧囂。心，也可以漸漸回來。夜晚，我靜靜地坐在階梯上，傳來的鼓聲，代表要進入休憩了，鼓聲是如此的穩重厚實，把我的心紮實的安定下來。佛光山，一個可以安靜思考未來，讓人靜靜地安定身心的地方。

　　春節期間的平安燈法會，為期約一個月，不止有色彩繽紛美麗的花燈，還有精彩萬分的高空煙火秀，讓人目不暇給，讚嘆不已，但美中不足的是人潮洶湧，大量汽車將前往佛光山的道路擠得水洩不通，想要欣賞還得折騰一翻，即使停車場已經很大，也可能連個停車位都找不到，甚至想上廁所也不容易得到解決，儘管如此，每年還是吸引數萬人來此朝聖，不論他們是否信佛、修行。

　　無論經過多少的時間，大佛彷彿用一種寬容的慈悲眼光一直在俯視著我們，告訴我們，可以重回祂的懷抱。雖然，宗教信仰是因人而異，但是佛光山的美，我想應該是一種可以撫慰身心、一種真真實實的安心感，如今，我將佛放在心中，時刻都能夠感受祂的存在，心靈也能隨時平靜。

台灣好山好水

台北大屯山

作者：破風

　　一座海拔 1092 公尺高的山能給人多少驚奇呢？我很懷疑，非常多人懷疑，可是，把它的資料摸透之後，我只有聲聲的讚嘆！它能帶給我的，已經遠遠超過我對它的期望，也讓我一次又一次來到這裡，它真是非常迷人的一座山。

　　先從平常人的角度來看它吧，二子坪步道全長約1800公尺，是非常容易走完的步道，漫步在樹林中，如同被綠色巨龍吸入腹中，且放肆地大口呼吸新鮮空氣，沿途豐富的植物種類，是健身兼放鬆的好地方。秋天是芒花的季節，不論是網美、情侶、遊客還是攝影師，紛紛來到大屯山，只為欣賞滿山的芒花，如果是傍晚，還能來個金黃色的花海加上夕陽，多麼詩情畫意啊！只是此時的山上有點冷，即使穿著薄夾克，仍可稍稍讓人清醒，不至於太沉醉其中，忘了回到現實世界。

　　年輕的情侶，會把約會的時間延長到入夜，當夕陽西下，溫度越來越低，大台北的夜生活正要展開，萬家燈火非常美麗，但這也只是小菜而已，如果是秋末初冬或是冬末春初，在台北市區是烏雲滿天，大屯山上卻是滿滿的雲海在眼前，除了風起雲湧，都市的燈光向上穿越雲層，形成了所謂的琉璃光，吸引了無數攝影師，前仆後繼來此挨餓受凍，不上廁所，也要把此景用單眼相機留下。如果是夏天上來，就只有單純的夜景，但深夜時分，燈火已多半熄滅，取而代之的竟是滿天星光，這裡，真的是台北市嗎？那個連一顆星星都要找半天的台北市。

　　體力好的年輕攝影師，在忙了一整晚之後，竟然要我再陪他一會，我想，難得來此，就捨命陪君子吧！原來，往東邊望去，天空漸漸轉亮，站在山頂上，竟然看不到山腰，層次分明的雲海就在不遠處，讓人大呼過癮。此時身旁數十個攝影高手，全都把相機上腳架，有的搖黑卡，有的搖縫卡，當然也有人忙著調整曝光數據，為後製疊圖拍攝，這黑卡跟縫卡可是台灣的攝影師獨特的拍照方式，原理很容易懂，將比較暗的部份先曝光，亮的部份用黑色的厚紙遮住，明暗的交接處就是厚紙板上下晃動的位置，看到三十多個人一起手拿黑卡，不停抖手或是慢慢將黑卡往上拉，真的很特別，他們多半是攝影老手，拍出來的雲海照片也非常漂亮，唯獨我，把這美景透過雙眼紀錄在腦海裡，這震撼的一幕，真的是畢生難忘啊！

台灣好山好水

新北翡翠灣飛行傘

作者：破風

　　年輕時，喜歡刺激，當然也追求刺激，騎改裝過的重機，看著眼前的時速表超過二百，來到翡翠灣嘗試飛行傘，隨著飛行傘教練的教導，飛上天際。

　　沒飛過的我，助跑一小段後，在離地的瞬間，竟然開始想念地心引力——將我牢牢地抓在地面。此刻，飛行教練開始指示，稍微適應之後，我東張西望起來，遠方的基隆嶼、湛藍的海水、基隆港、龜吼漁港、野柳都盡收眼底，連腳下的翡翠灣及馬路上的車都看得清清楚楚，我沒尖叫，但大叫，因為太過癮了。

　　降落的時候，其實蠻緊張的，腦袋完全空白，只記得越來越低，教練的話全忘了，接著就已經在沙灘上，並開始收傘。搭車回到飛行傘起飛處，我走到靠近邊緣處，再度望著剛剛那些美景，或許感受不同，但那些畫面卻已深深映在腦中，即使在多年後，我仍然印象深刻。

　　接著，我到了翡翠灣海水浴場，把鞋子脫掉，赤腳走在沙灘上，在細軟的沙上留下了腳印，找個地方坐下，聆聽海浪的聲音，潮來潮去，卻被身後的汽車喇叭聲打斷了興致，起身後，肚子餓了，咕嚕咕嚕的聲音一直在催促著，很久沒吃海鮮了，去龜吼漁港吧！就在附近而已。

　　一個人到海產店吃飯，點餐並不容易，炒青菜、炒飯、炒海瓜子、魚蛋沙拉，外加一瓶飲料，二樓靠窗的位置沒人，我坐在

這裡一邊享用海鮮，一邊欣賞美景，飽餐一頓之後，便決定到著名的野柳走走。

野柳地質公園，有著許多鬼斧神工的地景、奇石，但最知名的莫過於女王頭，此時已經一條人龍等著合影，仙女鞋或許知名度不高，但還真的像啊！燭台石、龍頭石等也都讓人讚嘆不已，體力還允許的狀況下，我決定往盡頭走去，美麗的景色讓我為之驚豔，腳下的豆腐岩整齊的排列著，但大多數的遊客並未到此，不禁為他們覺得可惜啊！就像入寶山卻只拿了一枚小金幣（即女王頭）一般。

騎上重機沿著二號道，不急著回家，慢慢騎，因為海就在右邊，海天幾乎一色的景，可不是常常看得到的，寬闊且湛藍的海，看了讓人心曠神怡，所有凡塵俗事全都拋諸腦後。這天，既上山也下海，還飛天，滿滿的收穫，就在短短的半天內達成，我想，會再找時間來吧！聽說野柳海洋世界的表演很精彩，我竟然錯過了。

台灣好山好水

新竹十八尖山

作者：破風

　　十八尖山，名字挺嚇人的，不過，它的海拔實在讓人意外，僅僅 130 公尺，雖然位於新竹市內，離火車站也只有一公里多的路程，但身在步道時，猶如置身森林之中，忘了自己在熱鬧的都市中。

　　這裡共有七種美麗的花，桂花、桐花、茶花、玫瑰花、杏花、桃花和杜鵑花，愛賞花的我，怎能錯過這裡呢！桂花別名九里香，花朵雖小，但香氣迷人，桂花釀更可以加在茶中增加風味，炎炎夏日喝一杯冰鎮桂花釀綠茶，頓時暑氣全消，桂花釀醉雞也是非常適合夏天的菜，冬天進補，也可以放一些在雞湯之中，據說，桂花有百種以上的食譜，多麼驚人啊！桐花原屬於經濟樹，種子可榨油，木材則是傢俱、火柴、牙籤的原料。近年來，台灣賞桐花的風氣大開，每年三至五月，到處都是賞桐花的人潮，有五月雪的雅號。茶花的種類超過三千，恐怕連專家都被搞得七暈八素吧！？

　　玫瑰花：紅的代表愛情、粉紅初戀、橘的黃的都是友情、藍是奇蹟、紫是永恆、白是純潔；也經常入菜跟茶；而玫瑰油，價比黃金，有液體黃金之別稱。杏花總被詩人拿去做題材，宋朝葉紹翁的詩：「應憐屐齒印蒼苔，小扣柴扉久不開，春色滿園關不住，一枝紅杏出牆來」。桃花也是詩人偏愛的花種之一，唐伯虎的桃花庵歌：「桃花塢裡桃花庵，桃花庵下桃花仙」，詩的前段跟後段，更被電影唐伯虎點秋香拿來做梗，讓觀眾印象深刻。杜

鵑花則有報春花、滿山紅的別稱，除了觀賞，更有多種藥用，同時也是詩人的題材。

至於其他的花種，印象早已模糊，上次來此，父親仍能健步如飛，如今已年過八十，步履蹣跚，真的是歲月不饒人啊！若不賞花，漫步其中，傾聽蟲鳴鳥叫也是一種放鬆的方式，倘佯在小小森林之中，呼吸新鮮空氣，整個人的精神都變好了。山邊的清華大學，是孕育台灣無數人才的學府，交通大學也就在隔壁，附近的竹科更是台灣的電子業重鎮，為台灣貢獻良多，知名企業如台積電、鴻海、聯發科等都在此設廠。數以萬計的電子從業人員，為新竹的經濟撐起一片天，也讓新竹的房價節節高升，交通狀況惡化，算是美中不足之處。走完步道，我跟家人到清華大學附近祭祭五臟廟，順便休息一會，還會再來嗎？要看緣份了。

台中大雪山森林遊樂區

作者：破風

如果說台中有個地方百玩不厭，大雪山森林遊樂區絕對是唯一選擇，這麼說或許有些誇張，但對於熱愛大自然的人來說，卻是真的。當然，這說法還包括了沿途的其他地點。

先從若茵農場說起，晴天來，湛藍的天空及風景，傍晚有美麗的夕彩，因為從高處向下看，顏色的變化比平地看較為豐富。中秋節過後不久，天氣開始轉涼，雲海季正式登場，配合太陽西下，雲海的顏色變化非常迷人。

另一個欣賞雲海的地方是鳶嘴山頂，這裡的雲海更加壯觀，不過要登頂並不算容易，下山亦如此，身體狀況不好的就無法上去，如果不是熟門熟路，一定要帶手電筒，以免下山時發生危險。平時山頂的遊客已經不少，而假日經常數百人登頂，增加了上山下山的難度。如果沒有雲海，天晴的時候視野非常棒，也因為如此，越來越熱門。當然，如果準備周全，食物、衣物都足夠，天氣狀況也可以，在此還可以看到滿天星斗，不過這是玩家才會做的，更是極少數人才享受得到的特殊風景。

過了隧道，就是鳶嘴山步道停車場，之後的天氣、風景與平地完全不同，打開車窗，新鮮的空氣迅速竄入車內，吸入了芬多精之後，整個人精神開始很好，原始森林、壯麗的山巒，陽光透過森林的光束，都是平地看不到的，如果停車的位置對了，還可聽到鳥叫聲，沿途可以看到許多賞鳥人，帶著又大又笨重的單眼相機及三腳架，在路旁等待鳥類的出現，藍腹鷴與台灣帝雉算是

鳥中明星，雄藍腹鷴頭頂有白色羽毛，雌藍腹鷴有許多土黃色三角形在身體兩側，而紅腳是藍腹鷴，黑腳則是台灣帝雉，其他鳥類及昆蟲也非常多，生態豐富性真的很好。

　　遠道而來的遊客，可以住在此處，怕無聊的話夜間觀星，幾乎沒有光害，星星看起來更多更亮，絕對跟平地看到的感覺不同，偶爾一顆流星劃過夜空，更是此行的驚喜。起床後再前往天池、神木，高約五十公尺的雪山神木，樹種為紅檜，樹齡約 1400 年，遊客站在樹下，顯得非常渺小。如果冬天寒流後，台灣紅榨槭、尖葉槭、青楓、楓香開始變紅，也是較熱門的季節，但夏天也有許多人來此避暑，吹吹天然的冷氣，這與世隔絕的仙境，真的非常迷人，找個機會再去一趟，也許可以看到更多的美景。

台灣好山好水

台中望高寮

作者：破風

　　早期的望高寮，也有人說是東海古堡，就是目前的望高寮北側，因為社會事件頻傳，所以在附近設置了派出所，改善了治安，也把南側的規劃做得很好，停車方便之外，開闊的視野吸引許多遊客。

　　望高寮北側早上的風景不錯，南至彰化伸港，北至台中梧棲、大肚、清水、大甲都盡入眼簾，傍晚時分，攝影人開始進駐，整排的腳架上是單眼相機，有些人會裝上漸層減光鏡，有的人用力搖黑卡，為的就是天空中美麗的雲彩、夕陽，還有剛剛提的那些城市的建築，當然，還有約會的情侶，入夜後，海線的萬家燈火點亮，非常壯觀。停車位較少，如果沒位置的話可以停在南側，步行只需二至三分鐘。

　　望高寮南側屬於後期規劃，有停車場、廁所，場地較大，即使容納千人也沒問題，但通常沒這麼多人，即使是假日，也只有幾百人而已。南側的視野非常好，北邊是后里、豐原、潭子、北屯、北區，眼前是西屯、南屯，遠處是太平、大里，南邊是烏日、彰化市，遠處是霧峰，因為高速公路旁的建築物比較高，已經改變了夜景的感覺，不過還是非常漂亮，若是深夜時分，抬頭還可以看到滿天星斗。雨後的清晨，天空非常乾淨漂亮，可以看到石岡、豐原、新社、太平、霧峰連成一片的山，當太陽出來後，都市的水氣上升，陽光打在台中市的建築物上，形成美麗的畫面，可惜知道的人並不多，有緣見到此景的算是極少數人。

　　該注意的是冬天風很大，最好把頭包住，以免冷風吹多了會頭痛，雖然說治安已經大幅改善，女性朋友還是盡量別單獨前往，畢竟警察不是隨時在場。附近沒有餐廳，除了望高莊園，可以一邊看夜景，一面烤肉或火鍋，但是有蚊子很煩人。最近的熱鬧區域是龍井，不過停車不算方便，東海商圈同樣有停車不易的問題，雖然很熱鬧也很好逛，但人車爭道的問題是無解題，不然的話，是有不少美食可以填飽肚子。

　　夜景，有一種特殊的魅力，可以讓人放空，癡癡地望著，暫時忘卻一切煩憂。如果是情侶，面對如此良辰美景，真是浪漫極了，讓人情不自禁就想要親吻身邊的愛人，對兩人的親密關係，有著春藥般的效果，但夜深露重，此地實際上不宜久留，當寒風刺骨，往往就準備感冒了，除了夏天，另外三季都有此顧慮，只能淺嚐它的美。

台灣好山好水

南投合歡山主峰

作者：破風

　　台灣因為板塊運動的關係，超過 3000 公尺的高山有 250 多座，是高山密度最高的島嶼，其中 100 座高山被選為台灣百岳(含兩座未達 3000 公尺的鹿山及六順山，兩座山皆非常接近 3000 公尺高)。目前登山級別分為 A、B、C、C+四級，合歡山登頂難度最低的就是主峰，次低的是東峰，兩者都屬於幼稚園小班等級的步道，登頂只需要準備飲水及外套即可。

　　合歡山東峰的坡度稍微陡一些，在雨后會有部份的泥濘，不建議在這樣的條件下上去。沿途的風景非常美，走走停停的欣賞、拍攝，其實不會累。合歡尖山步道就在停車場旁邊，但坡度也很陡，不過距離不長，僅數百公尺，如果邊爬邊看，其實也不至於很累，但膝蓋不佳者就請直接放棄，別逞強。另外一個難度不高的是石門山，距離不長，坡度跟東峰差不多，以上都是難度不高的步道。

　　至於主峰，難度更低，坡度緩緩上升，比一般市區的登山步道更容易走，而且風景漂亮，走走停停，跟散步差不多，不同的地方在於海拔高度較高，有 3417 公尺，可以看到的景色較多。青翠的箭竹林如草原、天空的顏色像藍寶石、遠方的山巒如國畫、腳下的雲海似浪花、快速飄流的雲霧非常多變，就在眼前不遠處，當太陽的火力漸弱，逐漸下沉，雲彩的顏色開始變化，此時溫度也會驟降，該把背包裡的夾克拿出來穿上，喝幾口水，細細品嚐日落的美。

　　休息片刻之後，天色漸暗，天上開始出現數量不多的星星，但沒過多久，滿天星斗就在頭頂，讓人目不暇給，為了觀賞銀河，特別選在夏天上來，此時幾個攝影師也架起三腳架，拿出相機開始拍攝，看夠了星星，溫度也越來越低，該是離開的時候了，360度的星空，還在頂上，但我已心滿意足，踏著輕快的腳步下山。

　　由於山路不熟，所以車子就慢慢開，反正目的地其實不遠，就在十多公里外的清境農場，訂了一間民宿，在此住一晚，第二天，可以一大早就進到農場裡。溫暖的陽光、翠綠的草園、低頭的綿羊、盛開的花朵、歌唱的鳥兒、新鮮的空氣、飛舞的蝴蝶、壯麗的風景，難怪這麼多人來此，下次再來，應該是明年四或五月，合歡山上的玉山杜鵑、紅毛杜鵑、台灣高山杜鵑、台灣杜鵑盛開的時候。

台灣好山好水

嘉義番路二延平步道

作者：破風

　　阿里山，台灣知名的風景區，但該怎麼玩？恐怕沒人能清楚告訴你我，就算寫了，也還是模模糊糊，就把數次上山的心得簡單敘述一下。

　　三月是櫻花季，吉野櫻、八重櫻、富士櫻、寒山櫻、牡丹櫻及台灣山櫻花開始綻放，假日上山會管制，出發前要做好完整的規劃，包含住宿、三餐、保暖衣物、汽車保養、行車路線、停留時間。櫻王位於阿里山工作站旁，非常大棵。阿里山賓館、派出所、沼平車站、祝山觀日步道都是賞櫻花的地點，各有特色。

　　因為電影《星空》，讓我對阿里山的印象更加深刻：二萬坪火車站的日出、奮起湖的藍色木屋、抬頭就能看到的滿天星星、筆直聳立的森林，點燃我在此玩上幾天的欲望。塔山巨大的奇岩、巨木群更是我前所未見，剎那間，覺得自己非常渺小，有如滄海之一粟，也讓人對大自然產生敬畏之心。

　　阿里山最負盛名的應該是雲海跟日出，小笠原觀景台 360 度的視野，特別造型的木造地板，吸引了許多遊客。慈雲寺的夕陽加雲海算是比較冷門。因為認識了一些攝影師，他們推薦我到頂石棹看琉璃光，茶園前方的流雲、雲下的燈光形成了琉璃光，因為沒有光害，不必抬頭，眼前就是星星，非常特別。另一個知名度不算高的地點是傷心山觀景台，此地也是夕陽加雲海，同樣是 360 度的視野，白天來風景優美，但雲海季來，絕對讓人捨不得走，真的是此景只應天上有，怎麼會就這樣出現眼前，真的是太

震撼人心了。順帶一提，雲海季的紅利是可以賞楓，青楓、台灣三角楓、台灣紅榨槭是紅色，銀杏則是金黃色，非常美麗。

二延平步道，也就是攝影師口中的隙頂，竟是這幾次上來印象最深刻的地方，從沒想到會有這樣的地方，雲霧不斷在眼前翻騰，就像是海浪般，但方向不一定，有時浪高有時低，待雲朵較為安靜之後，山頭露出，旁邊的遊客驚嘆聲不斷，攝影師們非常忙碌，因為真的太美了，有點夢幻、有些真實，因為身邊的人聲鼎沸，告訴自己尚在人間。我想，再來十趟阿里山也不會嫌膩吧！聽朋友說還有很多地方可以玩，果然，功課還做得不夠，下次，該去西北廊道地區？還是原住民的鄒族部落呢？貪心一點好了，都去吧！

台灣好山好水

台南仁德奇美博物館

作者：破風

　　來此之前，對奇美博物館的印象只停留在戶外的阿波羅噴泉廣場、奧林帕斯橋和繆思廣場，其他如愛神雕像及小天使許願池都很少看到照片，經過朋友大力推薦，於是安排了一整天的時間，打算一次就把這裡看完、聽完。

　　阿波羅噴泉廣場呈現的是希臘神話中的太陽神阿波羅，駕駛戰車從海面躍出的情景，象徵著阿波羅能夠永遠守護繆思殿堂及內部收藏。此雕像是等比例複製於法國凡爾賽宮的，原創者是法國的圖比。奧林帕斯橋有天界第一主神宙斯、天后希拉、戰神阿瑞斯、五穀女神狄密特、神界與人界的信差荷米斯、智慧女神亞典娜、月亮女神阿緹密斯、太陽神阿波羅、火神與煉鐵神赫菲斯托斯、最美女神阿芙蘿黛蒂、爐灶與健康女神赫斯提亞、海神波賽頓等希臘神話中的天神雕像，對希臘神話有高度興趣的我，竟在橋上停留許久。

　　繆思廣場的名稱由來，是神話中的九位繆思女神，由阿波羅帶領，分別掌管史詩、音樂、戲劇、天文學等，將神聖的繆斯女神與博物館互相連結，美麗的仿古希臘建築，有如希臘神殿，足見創辦人許文龍先生對整個博物館花了許多心思。走進建築物內，共有八大類的典藏，分別是雕塑、繪畫、工藝、樂器、兵器、動物、化石、隕石，光是走馬看花就讓人讚嘆不已，如果細細品嚐，更加能夠體會創辦人與館方的用心。喜歡藝術的人來此，肯定不願離去，每件藝術品前都會駐足許久。至於其他沒說到的，就讓

想來的人自己體會。（以上相關資料皆參考自奇美博物館官方網站）

　　看完這麼多的館藏後，除了驚嘆還是驚嘆！栩栩如生的雕塑、嘆為觀止的畫作、巧奪天工的工藝、琳瑯滿目的樂器、殺敵致勝的兵器與保護戰士的盔甲、震撼人心的動物廳、年代久遠的化石、來自天外的訪客——隕石、動人心弦的音樂，豐富多樣的內容，除非親自觀賞與聆聽，否則很難用文字形容那種發自內心的感動。結束了參觀，走出繆思廣場，草地上有新人正在拍攝婚紗照，工作人員熟練的將他們的姿勢調整，將光線調整好，攝影師按下連拍，噴水池的前方，聚集了許多遊客拍照，幾個專業攝影師也拿出相機，準備拍攝，今天沒風，他們想拍的倒影應該不難吧！？該走了，有生之年一定要再來一趟，這特別的博物館。

台灣好山好水

屏東東港大鵬灣

作者：破風

在遊墾丁之前，安排了屏東另一個非常有特色的地方：東港，這裡知名度較高的有大鵬灣帆船生活節、大鵬灣國際賽車場、跨海大橋、東隆宮迎王平安祭典（王船祭）、黑鮪魚文化觀光季，還有什麼呢？出發前並不清楚。

五顏六色的帆船，有單人操縱得迎風飛起的、有掛滿國旗的大型帆船、還有許多中小型的，非常壯觀。賽車、機車在眼前呼嘯而過的景象也讓人印象深刻，轟隆隆的引擎聲非常震撼，可惜好景不常，已經於 2019 年停止營運，目前台灣的國際賽車場尚有台中后里的麗寶國際賽車場。大鵬灣跨海大橋除了開橋秀，逐漸沉入海中的夕陽、夜間的燈光秀也很精彩，風平浪靜時，攝影師們紛紛拍下橋的倒影。

三年一次的東隆宮迎王平安祭典，共有十三項程序，其中最後一項的送王（燒王船）是祭典的最高潮。除了是屏東東港地區的全民運動，每次都吸引許多遊客及攝影師到此朝聖。黑鮪魚文化觀光季是 2001 年開始舉辦，2020 年是五月初到六月底。東港三寶除了黑鮪魚之外，櫻花蝦跟油魚子也別錯過，在東港的餐廳都可以吃到。黑鮪魚除了生魚片及壽司，還有鮪魚鬆蛋捲、黑鮪魚味增湯、酥炸黑鮪魚、魚肚湯等，其他的生魚片有鮭魚、旗魚、海鱺、黃金魚，填飽了肚子，但荷包卻瘦了不少，儘管價格比都市的日本料理便宜許多，幾個人加起來也是不少錢啊！

　　未能參觀的是小巨蛋，來的時候還沒完工，搭船遊潟湖居然也錯過了，蚵殼島也是，還有許多濕地跟豐富的生態。什麼？還有小琉球？有美麗的民宿、海鮮、潛水、潮間帶、夕陽、奇石、天空之鏡、燈塔、百年榕樹，玻璃船看魚、海龜跟珊瑚，小琉球簡直就是渡假的好地方，一定要找個機會來玩啊！

　　聽說林邊的海產、萬巒豬腳都很出名，也安排了時間去品嚐，果然名不虛傳，讓人回味無窮。來屏東，當然要去墾丁，但從枋山鄉開始就有美麗的海景，結果這裡也有萬巒豬腳，那就再嚐一次，還是好吃，口齒留香！邊開車邊尋找看海的地方，於是走走停停，每個地點都各有特色。既然要玩，就要盡興，砸了點銀子，入住 H 會館的海景房，泡在泳池裡看海，完全的放鬆，什麼都不想，太享受了，還有什麼比這個更棒的假期呢？

台灣好山好水

杉林溪

一最愛之一

作者：君靈鈴

　　一直以來都特別鍾愛杉林溪這個景點，原因無他，就是因為只要一到此處就給人一種非常放鬆沉靜的感覺，遠離世俗的氛圍有股讓人沉澱下來的力量。

　　更何況要進到杉林溪區域還有個很大的趣味，就是在路途上的十二生肖彎，在進入景區之前在車上一個接一個數著，直到看到可愛的豬寶寶，那大抵也就離目的地相當近了。

　　滿滿的芬多精及四季不同的花應該算是杉林溪最大的賣點。當然著名的松瀧岩瀑布、青龍瀑布和天地眼等等景點也是不容錯過的美景。只是要上天地眼居高臨下觀賞美景，說實話要費點力氣，但只要有毅力爬上去了，一望無際的視野絕對會讓人瞬間忘了一路向上所累積的疲勞。

　　而每回只要去杉林溪，家中習慣都是會住宿一夜，那種在炎熱夏天只要開窗戶就可以隨意得到的涼爽，可是冷氣房無法比擬的暢快。

　　雖然在此的吃食選擇較為稀少，晚餐基本上除了自己從外帶進來，就只有上飯店餐廳用餐，但就算如此，飯店餐廳的口味還是相當不錯的，值得一試。

　　另外，如果挑選在櫻花盛開的時候前往，雖說其實區域並不算太集中，但樂趣就在於走著走著就能遇到驚喜，也不是非要數大才算美，不是嗎？

特別要一提的是當地有個能量屋，如果不害怕那屋子看起來似乎有一點點陰森，真的要進去體驗一下，進入之後，屋內屋外就像兩個世界般迥異，身處屋內會有一種說不出來的感覺呢！

喔喔，還有一個地點也要特別提一下，既然到了杉林溪，那一定要到他們的花卉中心參觀一下，裡頭花卉品種之豐富多樣是讓人驚嘆的。旁邊有小賣部，要吃要喝要買紀念品這裡通通有，千萬不要錯過。當然如果看上喜歡的植物，這邊也挺多品項可以直接買回家，但要注意若是沒有經驗，記得跟販售人員討教一下，畢竟山上山下氣候不同，可別開心買了植物回家，但沒幾天就苦著臉把新寵變成舊愛的肥料唷！

總之，杉林溪是個很療癒的好地方，每回只要一覺得煩憂，總會想去杉林溪走走，吸收芬多精的同時讓煩憂就此散去，塵世的紛擾就此遺忘吧，森林的美妙說來就在於此吧，不是嗎？

台灣好山好水

南投忘憂森林
—超脫現實的迷幻

作者：君靈鈴

很多時候人都會有種想逃離現實的感覺，但談何容易？不過在到訪忘憂森林之後,卻覺得它真實地帶著一股脫離世俗的氛圍，就像一個人籠罩著白霧,以睥睨且傲然的姿態展現在人們的眼前。

這個位於南投溪頭森林遊樂區最深處的景點，在尚未到達前就給人一種神祕迷離的感覺，這種感覺是突然的沒有預告的，雖不知道為何這樣的想法會浮現腦海，但對它的期待卻更加濃厚。

網友們都說這座森林給人感覺孤寂又迷幻，費了一番工夫到達之後發現，孤寂又迷幻這個形容詞真的頗貼切，一眼望去，林間沼澤柳杉枯木映照在水面形成倒影，除了孤寂迷幻，竟還給人一種暗黑世界的錯覺。

不過，一開始真沒想到，這個也被稱為迷霧森林的忘憂森林在 921 大地震發生之前其實是不存在的，毀天滅地的災難造就了這個獨特的景觀，樹木用它們的方式在毀滅之下存活下來，似乎在用另一個姿態告訴人們，天災是可怕，但若沒有信念，就無法成就另一番風景。

在此有種似乎感覺不到時光流逝的錯覺，但隱藏在活水漥底下生氣勃勃的植物和生物又在說明時鐘是繼續轉動的，只是被此地的迷霧掩蓋了而已，多麼神奇的地方，給人一種生與死交錯的錯覺。

　　蛙類與蟲鳴鳥叫是忘憂森林最輕易可以聽到的合奏，這場屬於大自然的音樂饗宴佐以迷離的場景，只能說是非常值回票價的，也像是看了場魔幻電影。

　　因為山區天氣本就多變，此地更是如此，上午與下午的天氣竟能讓人的感官神經產生如此大的差異，聽身邊的遊客說上午艷陽高照，氣氛不似我到訪時那般迷幻反而有種仙氣的感覺，但下午雲霧繚繞瞬間為忘憂森林蒙上了一層薄薄的面紗，所以若要分別形容的話，我沒看見的上午就像個身邊靈氣繚繞的仙女，而我看見的下午就像個帶著神祕氣息的美女，兩種風貌都讓人心癢難止，同樣引人入勝。

　　所以有機會的話，我想再來一趟是必須的，又或者每個季節都來一次，體會忘憂森林四季皆不同的美麗，不同姿態的它真是迷人，不只勾起人停留的慾望也喚起人的深思，這是個劫後重生的地方，但仍是美麗，就像在告訴人們，只要不放棄，依然能綻放最美的自己。

台灣好山好水

九份
—特殊氛圍令人難忘

作者：君靈鈴

　　每回來到九份，都會有一種很奇異的感覺，並不是它階梯多到嚇人感覺累又或是它商店多而逛得眼花撩亂，而是當地的氛圍很奇妙，是一種說不上來的奇異感。

　　明明是在同一塊土地上的其中一個地方，但氛圍竟如此不同，尤其是小小的路兩旁掛著紅燈籠的景象，更為它增添一抹奇異的色彩。

　　而來到九份，吃好吃的食物必不可少，有名的、偶遇的，只要肚子裝得下都可以瀟灑跟老闆說來一份，畢竟來九份要走的路可不少，體力消耗了自然要補充，罪惡感就暫時放在一旁吧！

　　據說九份之所以會出名，早期是因為金礦，但後來漸漸被其他的事取代，例如電影《悲情城市》曾過來取景又或是盛傳宮崎駿《神隱少女》某個場景有借鏡於此，雖然後者沒有得到確切認證，但也為九份添上數抹熠熠星光。

　　而這次來雖然是白天也沒有停留到晚上的打算，不過之前曾在夜晚時分到訪過九份，知道它白日與夜晚是截然不同的美，因為地理位置的關係，夜晚的九份可以觀看到美麗的夜景，雖然看夜景不只此地，但必須說在此看到的夜景實在令人難忘，炫目美麗。

　　但話又說回來，白日的九份海天一線的美景也是不可錯過的，這回特地挑了個好位置留下許多張紀念照，除了證明自己又再次

到此一遊外，也是想將眼前的美景永遠留存，畢竟美好的人事物都值得珍藏，九份的景象自然也是其中之一。

只是走著拍著還是會累，所以既然剛剛說了要把罪惡感放在一旁，那該吃的都不該錯過，肚皮撐一點也無妨，反正等會兒就會消化，所以吃份芋圓、喝杯好茶、來塊草仔粿、來碗魚丸或魚羹、甚至吃碗牛肉麵都是很不錯的選擇，雖然要全吃進肚在大話之後還是有難度，但一些美食是可以買回家享用的，肚皮真的裝不下那就帶回家吧，又何妨？

然後除了美食之外，九份也有許多店家販賣琳瑯滿目的紀念品，雖然有時候真的覺得買回去不知道要做什麼，但總是抵抗不了在那氛圍之下產生的慾望，默默掏出錢包滿載而歸。

總之，九份有美景有美食又有好買，下次再來的話可能還是無法克制自己，誰叫此地就是有一股特殊的魔力，吸引人們一再到訪呢？

台灣好山好水

清境農場
—藍天白雲帶來的悠然暢快

作者：君靈鈴

　　清境農場這個地方似乎有一種特殊的魔力，印象中已經去過好幾次，但每次去都覺得此地洗滌身心靈的力量強大，而當然可能可愛的羊咩咩也有加成的作用。

　　從入山之後到抵達目的地一路都是享受，沿途的風景就已經很有療癒的作用，打開車窗迎著微風欣賞著美景，人生何妨愜意這一回呢？

　　清境農場占地廣闊，海拔大約於 1700~2100 公尺之間，四季都有不同的風貌，所以不管是春天、夏天、秋天又或是冬天前來都會有不同的感受與體驗，是個很值得一來的好地方。

　　況且在抵達之前遠遠就可看到此起彼落的歐風建築坐落在不同地方，給人置身歐洲的錯覺，濃厚的異國風情瞬間來襲不說，加上青青草原及綿羊群的加持又給人一股紐西蘭的味道，真是讓人有種要什麼來什麼的感覺。

　　不過，雖然來過很多次，但每回都不會錯過去拜訪小瑞士花園，畢竟花園裡不只美，還有很多非常適合拍照留念的裝置藝術，既然來都來了，不進來瞧瞧怎麼可以？

　　但這回再來除了對清境農場念念不忘外，還有另外一個目的，那就是想體驗一下全台海拔最高也是最長的空中步道「清境空中觀景步道」，因為聽說在上頭看的景色特別不同而且帶點刺激，所以自然也被排入行程表之一。

然後，每次來如果情況允許，一定毫不猶豫選擇在此過夜，因為這邊幾乎每一間飯店、民宿都很有特色，不只外裝是濃濃歐風，連裡頭的佈置家具也是，喜歡歐風氛圍的人千萬不要錯過。

但說實話，每次來的最愛依然還是青青草原，因為走在上頭真的很療癒，畢竟在清風吹拂之下漫步在草地上，徜徉在藍天白雲之下，彷彿任何煩惱都隨風飄散，任何躁動都被綠地撫平，心也變成白雲一朵，在舒服的世界裡恣意飛舞，然後就會感覺到似乎什麼煩人事都忘了，一切都沒什麼大不了！

而且來清境農場還有一個好處，就是它的地理位置，如再往上就是武嶺跟合歡山，要去廬山瞧瞧離的也不遠，感覺很完美呢！

當然，離開前也沒忘了要去那間少數海拔超過 2000 公尺的便利商店走走，畢竟地理位置這麼高的便利商店並不多，既然來了也進去走走，所謂凡走過必留下痕跡嘛！

然後，心滿意足帶著愉快的心情下山，結束這次的清境農場之旅，但不跟它說 BYEBYE，因為相信不久後，一定會再見的！

台灣好山好水

拉拉山
──體驗摘水蜜桃的快樂

作者：君靈鈴

　　提到桃園復興鄉的拉拉山，大概很多人第一印象都是水蜜桃吧。

　　水蜜桃那給人甜蜜多汁的印象，讓人更期待這一次的拉拉山之旅，畢竟直接購買跟親手採擷果實之間的差異，一定是後者更令人難忘。

　　這次雖然不是國外，但因為帶著父母還有一個同事，也不想父親一路開車太過疲累，所以還是跟了一日團出門。

　　說真的自己出門與跟團出門各有優缺，自身衡量哪個更適合，不過跟團出門的最大好處就是去不熟悉的區域不用找路，只要坐在車上就會很順利到達目的地。

　　然而，說是摘水蜜桃但是第一站並不是直接去果園，而是拉拉山森林遊樂區，體驗讓神木看看你的樂趣。

　　說實話，沿路的風景非常好，打開車窗空氣清新，配上優美的景觀，有種洗滌人心的功能，讓人還沒到景點就感覺被治癒了。

　　不過，有些地方真的是來之前不知道，來之後發現真奧妙，原來拉拉山目前有標出的神木就有 24 棵，這數量讓大夥兒都有點吃驚，因為跟原本的想像有點落差呢！

但無妨，既來之則安之，雖然並沒有征服所有神木的雄心壯志，不過前去拜訪幾棵樹木大神還是可以的，所以在領隊喊了解散之後，也就踏上探訪神木之路。

結果，很抱歉其實剛剛領隊說明時大家都在神遊，真正看了下說明告示牌才發現，如果要將 24 棵神木盡收眼底，其實也就 1.5 小時至 2 個小時左右的時間，這時間說長不長說短也不短，端看個人要不要挑戰而已。

但我們因為很純粹是要去放鬆的，沒有太虐待雙腿的意思，想吸吸日月精華沉澱一下心靈就好，所以探訪了幾棵神木之後就找了個地方休息 心中開始期待等等見到水蜜桃時要怎麼蹂躪......噢，不，是如何欣賞它的可愛及品嚐它的美味。

所以神木之旅完畢，在用完午餐之後就期待著果園主人出現來載大家到果園去，結果因為人數眾多，果園主人其中一台車又臨時壞掉，所以一部分的人就得搭小貨卡前往，也算是一次非常特別的體驗。

到了果園之後，果園主人的熱情款待讓大夥兒很開心，而正式開始採果之後才赫然發現，原來拉拉山的水蜜桃跟印象中的水蜜桃模樣不太一樣，但卻不妨礙它的美味。

　　而其實出遊的意義有時不在於得到了或購買了多少實質的物品而是心靈上的穢物清掃，尤其是到山上，那屬於山林的純淨總是能讓人瞬間平靜。

司馬庫斯
—值得一訪的秘境

作者：君靈鈴

司馬庫斯有個很威武的別稱，那就是「上帝的部落」。

只是沒去過的人可能無法了解，到底為什麼這個位在新竹深山中的地方可以擁有這樣的稱號。

畢竟要到訪司馬庫斯的交通不算便利，現在雖已經有電力供應，但這個地方可是台灣最後一個供電的部落，所以在以前還有個「黑暗部落」的稱號呢！

但是，即便如此司馬庫斯還是吸引了很多人前往一遊，而原因就在於它獨特的魅力，還有吸引人的景致以及熱情的原住民，所以這回朋友提了這個地方後，大夥兒也就不囉嗦地決定踏上這個從未踏足的地方，想好好體驗一下司馬庫斯的過人之處。

然而前面提到司馬庫斯的交通不算便利，事實上的確是，上山的路程頗遠不說，道路也是有管制的，上下山的時間一定要注意，而且在網路搜尋下發現去過的人都提議在此過夜，我們一行人也就決定如此，要不一趟路途遙遠倘若只是走馬看花那就失去這次出遊的意義了。

基本上撇除其他先不談，司馬庫斯部落這邊就已經是個很值得駐足的景點，看著一棟棟以木頭或竹子建成的建築物，還未深入此地就已經有種很愜意輕鬆的感覺，而最具代表性的教會更是不能錯過的留影聖地，紅色屋頂與白色建築形成強烈的對比，再

加上教會後頭的觀景台可以俯瞰整個部落，這讓人怎麼忍心錯過呢？

再者就是「生命之樹」，它就位在部落裡頭，是一座刻著三個族人的木雕，代表司馬庫斯的精神，它就這樣屹立在原地傳承了一代又一代。

而除了部落及生命之樹外，享負盛名的司馬庫斯巨木群也是不容錯過的地方，雖然從部落到巨木群需要步行約兩個多小時的時間，但到了之後發現這 5.2 公里的疲憊在濃厚芬多精的洗禮之下瞬間一掃而空，頓時也明白了為什麼巨木群是為司馬庫斯帶人觀光人潮的功臣之一。

只是這樣下來肚皮肯定會抗議了，來到此地若不感受一下泰雅族的美食豈不是對不起自己？

於是一行人上了餐廳飽餐一頓，品嘗著不熟悉卻美味的餐點，然後在星光的妝點下步行回房，心滿意足躺在床上，在大自然的包圍下很快便進入了夢鄉。

快樂可以很簡單，大自然的療癒是最強大的力量，這兩句話絕對可以在司馬庫斯得到證實，因為此地就是一個讓人身心靈放鬆的好地方！

台灣好山好水

金瓜石
─堪比金礦的美景

作者：君靈鈴

　　金瓜石最出名的事蹟莫過於它早期是一個礦區，而且以開採出金礦聞名一時，然而現在雖然採礦業已然因礦產枯竭而沒落，但這個地方還是很值得來上一趟領會它獨特的美麗。

　　雖然不是第一次來，但以前要來這個區域總是會安排跟九份一起，總覺得對金瓜石沒有留下太多的印象，這次應好友之約到訪，倒是有了一次不同的體驗，也才真正領略到金瓜石獨特的氛圍。

　　首先第一站就來到有「全台最有錢的瀑布」之稱的「黃金瀑布」，瀑布會有這個稱號倒不是因為水流中有黃金，而是因為水與黃鐵礦及硫砷銅礦接觸後因為氧化還原與鐵菌催化的作用下，水流因此呈現金黃帶橘的景象，才會有此美稱，而實際到訪後發現，傳言屬實，不禁讚嘆起大自然的奧妙。

　　但除了黃金瀑布外，陰陽海也是這次沒想放過的景致，畢竟這樣的景致並不多見，雖然非初見，但每回見每回都有新鮮感，在藍天白雲的襯托下那壁壘分明的兩方海水就好似在互相較勁般誰也不讓誰，不只奇異也甚有趣，令人駐足屏息不忍離去。

　　但好友安排的行程尚未走完，再留戀兩雄爭霸之景也得離開，一路上美景不斷，然後就來到了很多次來金瓜石但從未踏足的景點「十三層選煉廠遺址」。

　　這個地方特別之處在於它隱藏在山中，有台版「馬丘比丘」、「龐貝城」之稱，而且 2019 年開始每晚 18:00~21:00 這十三層建築會亮起琥珀色的燈光，在山景煙嵐襯托下更添迷離的幻境之感。

　　但實際這個地方就是當年採礦業留下的遺跡，壯觀的外貌還有神秘的氣息是它吸引人們目光的原因，也因為它特別的存在讓人得以窺見當年金瓜石的採礦業是如何蓬勃發展。

　　最後的最後，在金瓜石過了一夜的我們當然沒想錯過「黃金博物館」，開館就進入的結果是遊客不多，恰好可以讓人慢慢了解金瓜石此地採礦業從繁華到沒落的經過，所以園區內三處展覽館都沒錯過，一路上愜意的看著展示品或是文字解說再搭配自個兒腦海的想像，然後再去參與「淘金」活動，一個上午就這樣很充實的過去了不說，甚至還覺得意猶未盡呢！

台灣好山好水

武陵農場
—櫻花季不可錯過的好所在

作者：君靈鈴

　　每年武陵農場的櫻花季都只能用盛況空前來形容前去欣賞的人潮，畢竟親近大自然被花朵擁抱是一件讓人心曠神怡的事，之前都沒機會去體驗，這回也就下定決心呼朋喚友打算來一趟武陵農場賞櫻之行。

　　雖然說賞櫻這個活動太受歡迎導致要進入變得比較麻煩，因為在櫻花季武陵農場是有管制的，所以也只能選擇參加行程，但這無損我們大夥兒想去與櫻花相伴的信念。

　　不就報個名咩！

　　可以的！

　　說來簡單，但這次若不是有個朋友去過又機靈，明白不早點搶位就會無緣進入而率先出手，這回大抵又只能在電視機面前欣賞蜂擁的人潮與櫻花之美了。

　　不過因為之前沒什麼研究，這回要去才上網搜尋了下，才發現武陵農場原來位在雪霸國家公園中，是台灣很出名的高山農場，而且撇除櫻花季，其實在其他季節這個地方也很值得來訪，看到此對這次出遊也就更加期待了。

　　只是到達後卻發現，櫻花是很美很美，這點無庸置疑，但除了櫻花外周遭的景點似乎也很值得一去，所謂來都來了怎麼也得多走走，所以看了一會兒櫻花後大夥兒就決定先把櫻花放在一邊，

畢竟聽說夜櫻也很美，是朦朧帶著迷幻的美感，所以夜晚不來看上一遭怎行？

所以一行人就先上了武陵茶莊來個帶著古風且詩情畫意的休憩，然後就很自然地與兆豐橋相遇了，聽說此處冬天會變成瑩白世界，加上旁邊梅花的點綴，夢幻又仙氣，只可惜此次來的時候已沒有雪，不過景色美還是美，沒得挑剔。

過橋之後下一位朋友就是茶園步道，在悠閒的欣賞沿途美景之後，農莊文物館赫然出現在眼前，大夥兒腳步也就駐足於此，將館內陳列的文物看了個遍。

然後就是該去跟櫻花鉤吻鮭打個招呼的時刻了，怎麼可以不去了解一下這種稀奇的生物的生態？

所以在此又耗了一些時間，但卻慢慢發現身體似乎感覺到氣溫比剛到武陵農場時更低了，這才想起搜尋時有提到武陵農場在夜晚時溫度會驟降，所以得注意保暖，但幸好大家都有備而來，紛紛背包一卸拿出保暖衣物換上，然後就出發吃晚餐去了。

真的非常慶幸這回選了兩天一夜的行程，否則僅有匆匆一天肯定不能把武陵農場的所有藏入腦海，而夜晚的櫻花也果真沒讓人失望，在星兒點綴的夜空下恣意挑動人們的視覺及感官神經，果真是賞櫻的好地點，非常值得推薦！

台灣好山好水

奧萬大
一楓紅之際拜訪之期

作者：君靈鈴

　　奧萬大是個只能自行開車前往的地方，但並不難找，路途說遙遠是有一點，但這絕對不是阻礙出發前往奧萬大一遊的理由。

　　記得當初聽說奧萬大這個地方時，第一個自動跑進腦海從此不肯遠去的訊息就是它的楓葉美景，所以基本上秋天楓紅之際前去拜訪此地大抵是最好的選擇，但當然除了秋季，奧萬大在其他季節也是很值得來訪的，畢竟有著「國家森林遊樂區」的威名，就算不是秋季，其他季節的景色也不會差到哪裡去。

　　但因為奧萬大是以楓紅聞名，在感覺到氣候漸漸微涼之際，很容易就想起了這個好地方，約上三五好友一起出發堪稱人生一大樂事。

　　奧萬大位於南投仁愛鄉，入園區需要門票而且說實話也需要體力腳力，但來都來了，平常總惰懶得動的身體總是得在這青山綠水的好環境中動起來，趁此機會去領略大自然帶給我們的療癒及撫癒，也才能讓這一趟不虛此行。

　　走就走吧，但還是要衡量自己的能力，像這回同行的友人中有人體力較差一些，大夥兒也就說好雖然賞景自療重要，但朋友的安危也是要顧一下，倘若其中有人真的不行，那就雙手一擺，大夥兒自然會目送他轉身朝回程而去。

　　但說實話，來到奧萬大不走上一走真的可惜，而且都趁著秋季來了，沒賞到楓葉之美怎麼可以？

這不就像是去了夜市但沒吃到蚵仔煎或其他小吃一樣可惜嗎？

更何況除了楓紅之外，園區內其他景點也是非常值得前往探訪的，縱使明白明日起床雙腿可能會有無法言喻的痠麻感，但算了，就豁出去吧！

而因為事隔多年再到訪，這回來才發現原來園區內除了美景之外，也有 DIY 體驗，看著大家躍躍欲試的模樣，真心覺得偶爾好友們約一約出來走走真是個絕頂的好選擇。

不過，不管是什麼美景或體驗，真真都不及見到一片楓紅時內心那種被艷而不俗的紅震撼的喜悅，讓人捨不得眨眼，在被楓紅包圍的時刻只覺得世界上只剩紅這個顏色，其它都不重要了。

奧萬大的魅力，真的需要親身來感受才能得知，而楓紅的魅力，真的只有親眼所見才能領略，所以既然好山好水就在那裏靜靜等待，何不撥個時間前往，讓自己也可以體會一把那療癒又令人心醉的美麗呢？

台灣好山好水

七星潭

一絕美弧形海灣

作者：君靈鈴

　　說到七星潭，最知名的大抵就是它那令人望之嚮往帶著美麗弧形的海灣，而它的別名「花蓮月牙灣」更是將這海灣的特別套上一個更合適的名諱。

　　但來到七星潭除了欣賞海景之外，還有很多好吃好玩的不容錯過，不過在開始之前海天一線的美景可要記得先收入眼底記在腦裡放在心裡，才不枉來此一趟。

　　基本上來到花蓮七星潭第一不用擔心大概就是停車問題，一到達就可以看到大片免費停車場，只要不是特殊節日，想要快速找到車位開始遊玩應當是沒有太大問題的。

　　不過如果是夏天前往那防曬可要做足，畢竟整個七星潭風景區提供遮蔽的地方並不多，如果沒有做好防曬那後果可能會不堪設想，但如果本就來追求一身健康色肌膚的人，那只能說真的是來對地方了！

　　然而，先撇開曬不曬這個問題，正式步入七星潭領域後首要任務就是得先找石頭，一顆提著「七星潭海堤」五字的大石頭，這可是到七星潭後必合照的熱門標的，雖然可能有點老掉牙，但來都來了，不照一張照片留念怎麼可以？

　　再者，照片拍了之後屬於石頭的活動可還沒完，因為七星潭海岸邊幾乎都是外型圓滑的鵝卵石，而據傳在七星潭疊石頭可以

獲得好運，疊的越高願望實現的機率越大，聽到此還不怒疊它一波更待何時？

不過要特別注意的是石頭是不能帶走的，可別因為疊得開心高興就順手把石頭放進口袋裡，這樣的行為不僅違法還會有罰款呢！

說來七星潭的最大賣點真的就是眼前這片海洋，不僅乾淨清澈且蔚藍夢幻，站在岸邊聽著海浪聲，看著浪花朵朵向自己襲來又向遠方而去，那療癒的力量之大得親自來一趟才能體會呢！

但別以為七星潭只有白天才有迷人的風采，不管是日出、日落或是夜晚，到此吹著徐徐海風欣賞夜景星兒都是不容錯過的活動，因為每個時刻七星潭帶給人的感受都是不同的，能永存心底的美也是不同面貌的，就等人們親自前往探索它不同時間的絕美面貌。

所以這回同行的朋友說了，來七星潭其實真的別只看了一刻的海景就走，帶著悠閒的心情完全放鬆自己，找間飯店或民宿來個兩天一夜甚至是三天兩夜之旅才是最聰明的選擇，畢竟大自然的美麗就是上帝的鬼斧神工之作，細細體會自然之美，讓心靈被徹底洗滌才是出遊最大的意義呢！

國家圖書館出版品預行編目資料

台灣好山好水／米樂、破風、君靈鈴　合著.　—初版.—
　臺中市：天空數位圖書　2021.07
　　面：14.8*21 公分
　　ISBN：978-986-5575-49-6（平裝）

733.69　　　　　　　　　　　　　110012533

書　　　　　名：台灣好山好水
發　行　人：蔡秀美
出　版　者：天空數位圖書有限公司
作　　　者：米樂、破風、君靈鈴
編　　　審：龍璥科技有限公司
照 片 提 供：破風
封 面 設 計：許思庭
製 作 公 司：平常心有限公司
版 面 編 輯：採編組
出 版 日 期：2021 年 07 月（初版）
銀 行 名 稱：合作金庫銀行南台中分行
銀 行 帳 戶：天空數位圖書有限公司
銀 行 帳 號：006-1070717811498
郵 政 帳 戶：天空數位圖書有限公司
劃 撥 帳 號：22670142
定　　　價：新台幣 690 元整
電子書發明專利第　I　306564 號
※　如有缺頁、破損等請寄回更換

紙本書編輯印刷：
電子書編輯製作：
天空數位圖書公司 E-mail：familysky@familysky.com.tw　http://www.familysky.com.tw/
地址：40255台中市南區忠明南路787號30F國王大樓　Tel：04-22623893　Fax：04-22623863

Family Sky